Las ESTACIONES del año

Gina Samba • Marina Martín

edebé

¡Bienvenidos a las estaciones!

Primavera, verano, otoño e invierno... ¡Te presentamos las cuatro estaciones del año! ¿Verdad que no vistes igual en verano, mientras te tomas un helado al lado de la piscina, que en invierno, cuando te pones un abrigo, una bufanda y un gorro para salir al frío de la calle?

Cada estación dura tres meses y tiene su propio clima, que va cambiando de una a otra: la temperatura, las lluvias, la nieve, las horas de sol que tenemos durante el día... Pero ¿por qué cambian la temperatura y el paisaje? En este libro lo vas a descubrir. Una pista: tiene que ver con el movimiento de la Tierra alrededor del Sol.

Un viaje alrededor del Sol

La Tierra orbita alrededor del Sol en un movimiento llamado **traslación**, junto con el resto de planetas del sistema solar. Nuestro planeta tarda ni más ni menos que un año entero, es decir, 365 días, en dar una vuelta completa al Sol.

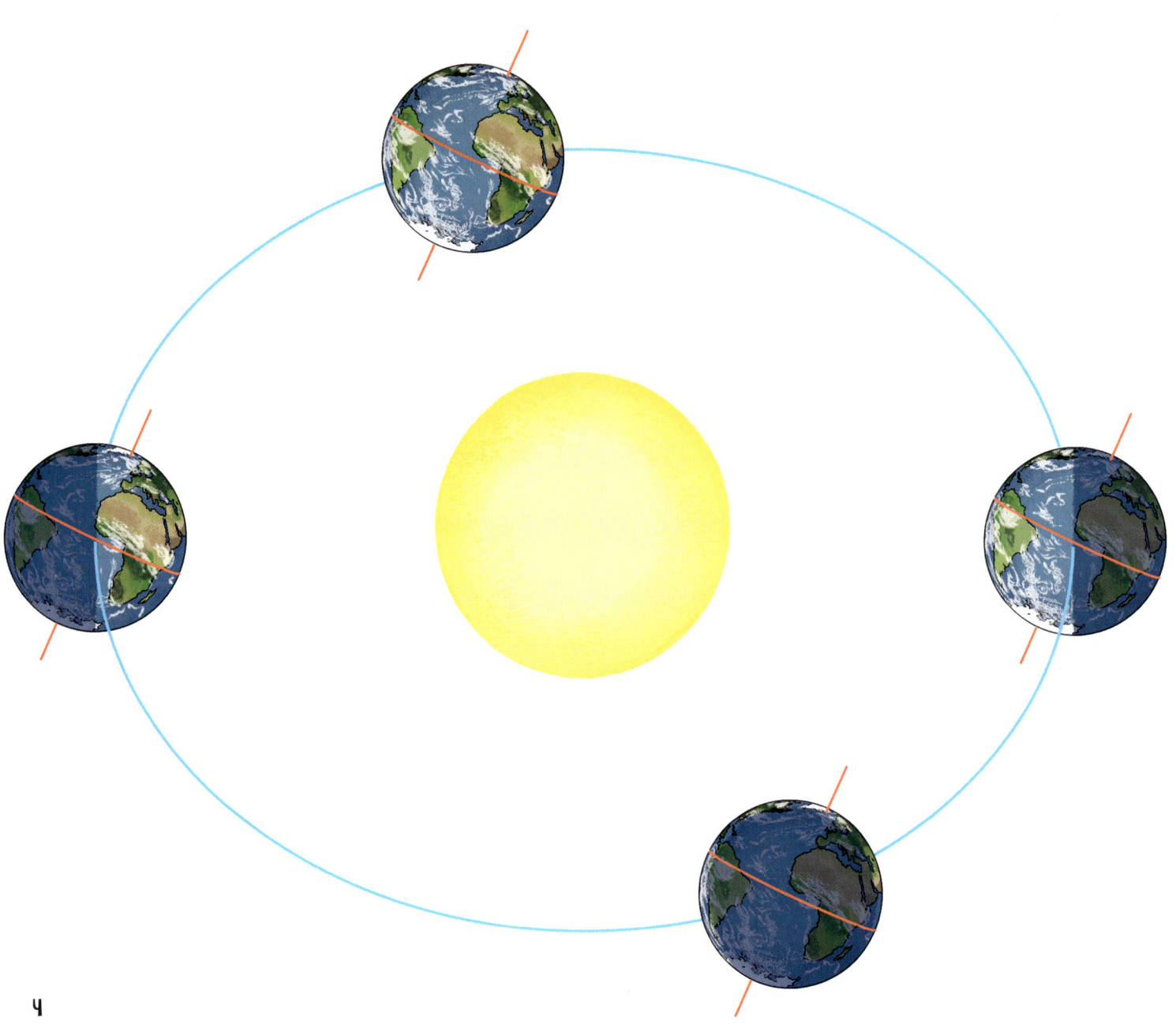

¿Sabías que la Tierra se mueve como una peonza? Además de viajar alrededor del Sol, la Tierra gira sobre sí misma cada 24 horas. Es lo que conocemos como movimiento de **rotación**. Este movimiento da lugar al **día** y a la **noche**: mientras la Tierra gira sobre sí misma, alrededor de su eje de rotación, unas zonas reciben la luz del Sol (es de día) y otras no (es de noche).

El **ecuador** es la línea imaginaria, perpendicular al eje de rotación, que separa la Tierra en dos mitades, llamadas **hemisferios**.

¿Por qué hay estaciones?

Como en las peonzas, el eje de rotación de la Tierra está inclinado con respecto a su eje central. Siempre apunta hacia la misma dirección: la estrella polar.

Esa inclinación es la causa de las estaciones, ya que el ángulo de incidencia de los rayos solares va cambiando durante el viaje de la Tierra alrededor del Sol.

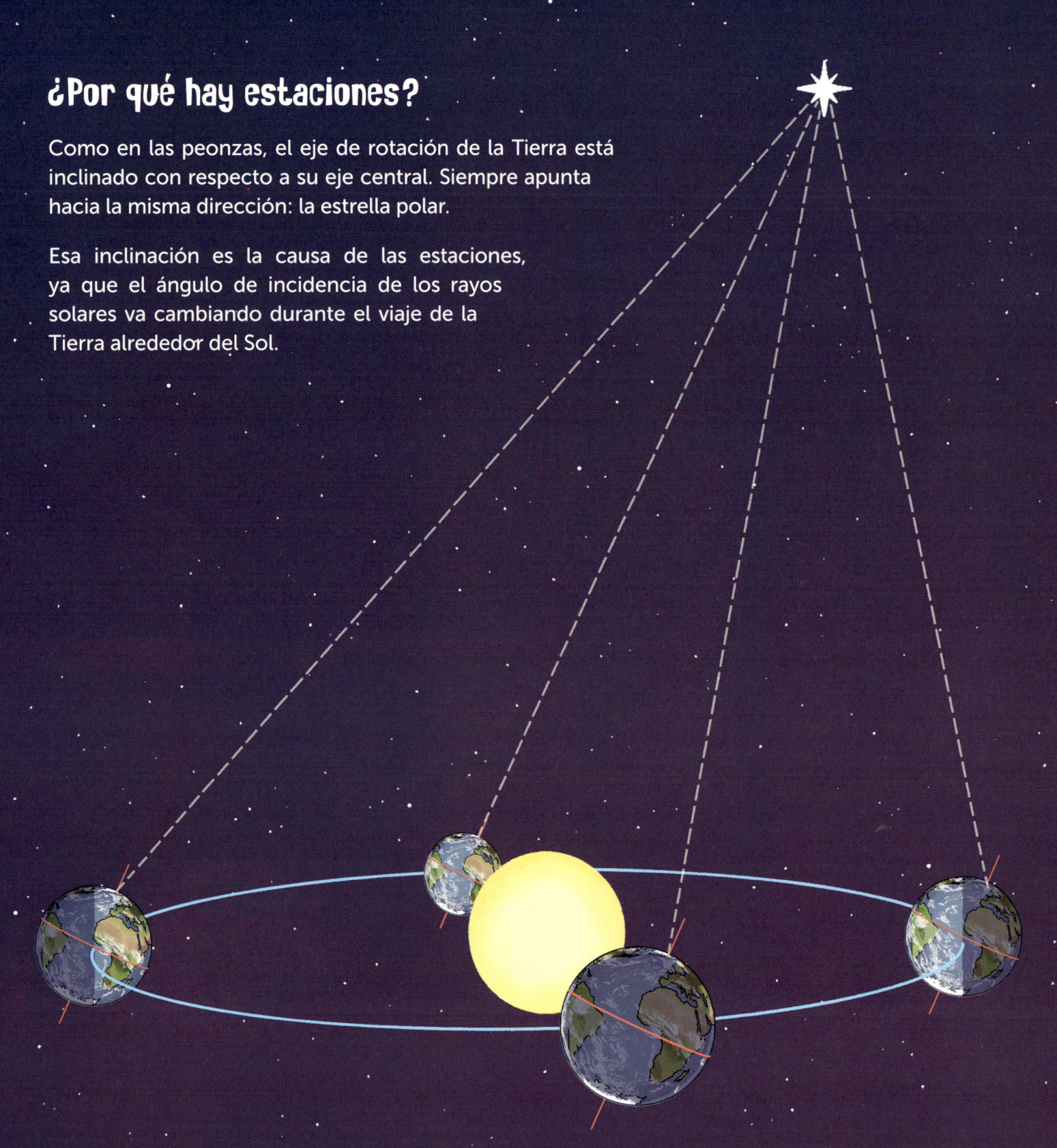

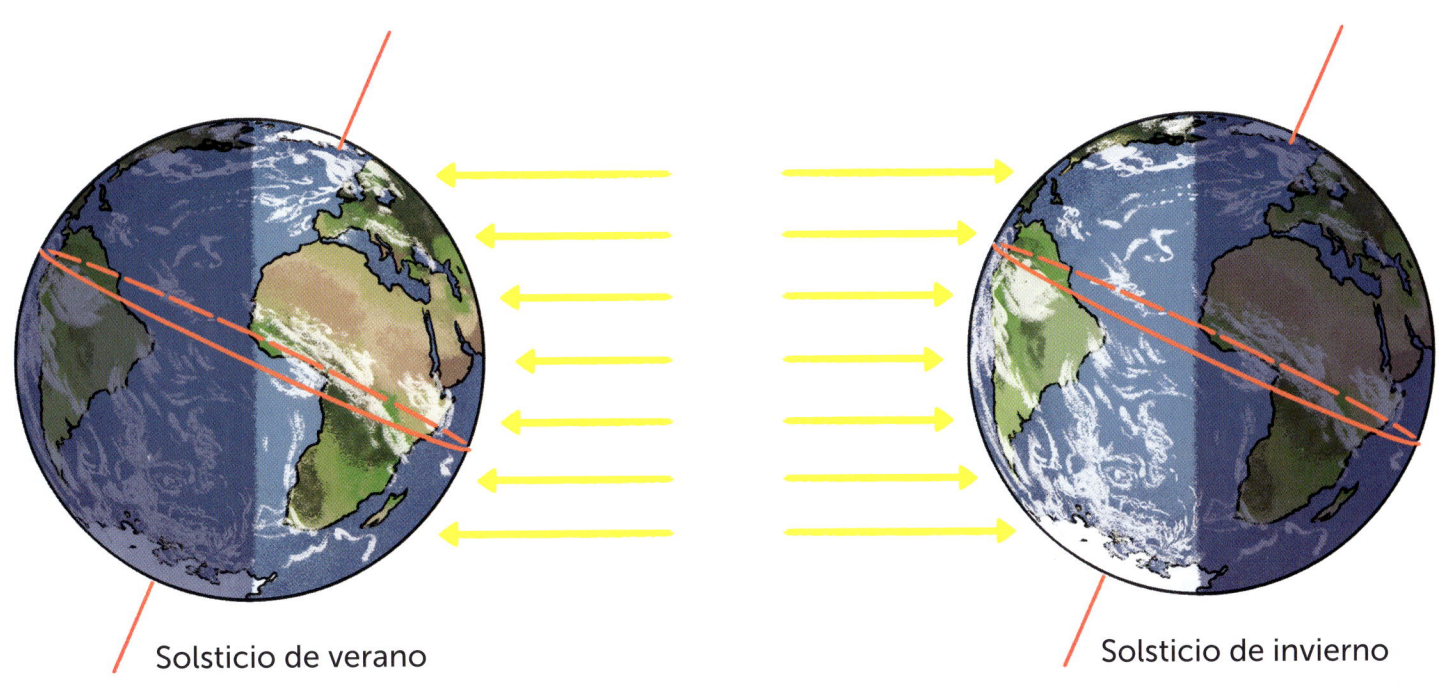

Solsticio de verano

Solsticio de invierno

Cuando los rayos solares inciden con la máxima verticalidad es el **solsticio de verano** en el hemisferio norte, y los días son muy largos y las noches cortas.

En cambio, cuando los rayos solares inciden con la máxima inclinación es el **solsticio de invierno** en el mismo hemisferio, y los días son cortos y las noches largas.

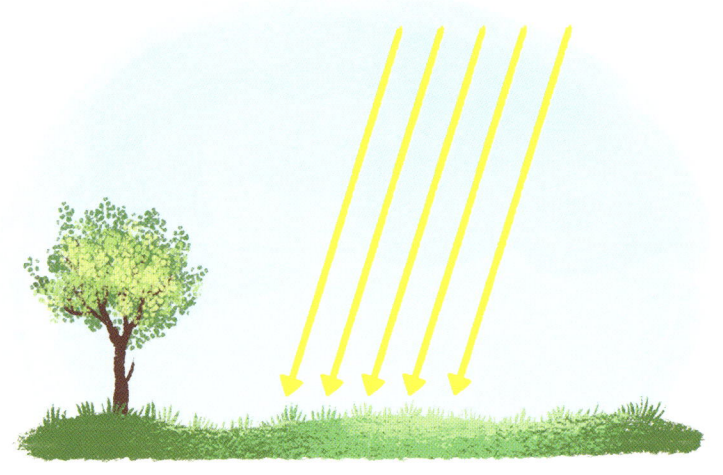

La primavera es vida

En primavera, podemos decir que... ¡vuelve la vida! Después de unos meses de frío, heladas y tardes sin sol, parece que la naturaleza se despereza y empieza a despertar, con sus colores vivos, el canto de los pajarillos y los campos pintados otra vez de verde.

Para muchos es una de las estaciones más bonitas del año porque el clima es agradable y la naturaleza está preciosa. Empieza hacia el **21 de marzo** en el hemisferio norte; pronto vemos que los días cada vez son más largos y el clima, más cálido. Ya podemos empezar a guardar guantes y abrigos en el armario. La primavera es ideal para ir de excursión y jugar al aire libre, pero sin llegar a pasar calor ni sudar.

La naturaleza y los animales en primavera

Los árboles se llenan de hojas nuevas y las flores se abren con sus alegres colores. Verás abejas y mariposas revoloteando de flor en flor y transportando el polen a otras flores, en las que crecerán nuevas semillas y frutos después de ser fecundadas. E incluso puede que oigas estornudos: es el tiempo de las alergias... ¡Achís!

Las semillas de las plantas germinan y crecen porque, en primavera, el clima es cálido y agradable, pero también lluvioso.

Por su parte, aquellos animales que han estado hibernando durante los meses más fríos del invierno despiertan y salen de sus madrigueras para buscar comida. Igualmente, muchos pájaros que habían migrado buscando climas más cálidos vuelven. La mayoría de los animales empiezan su época de cría.

En verano, sal y sudor

El verano empieza hacia el **21 de junio** en el hemisferio norte. En esta estación, las temperaturas suben mucho y los días son muy largos: ¡a la hora de cenar todavía hay luz solar! Como es la época más calurosa del año, nuestro cuerpo suda y nos pide a gritos que lo refresquemos, ya sea con agua, horchata, helados o directamente dándonos un chapuzón en el mar, la piscina o el río.

En verano podemos practicar deportes acuáticos, construir cabañas o ir de acampada, pero siempre protegiendo nuestro cuerpo de los rayos del sol.

La naturaleza y los animales en verano

Todo lo que sembramos durante la primavera en verano está listo para la cosecha, como el trigo y otros tipos de cereales. Además, los tomates, los melones, las sandías, las peras o los melocotones están en su punto justo... ¡Qué dulces y ricos!

Como hay tanta comida, los animales aprovechan para alimentar sus crías. Los animales más felices con el calor del verano son seguramente los insectos. El agua estancada y las altas temperaturas favorecen la aparición de mosquitos. Algunos dejan su huella en nuestro cuerpo con sus molestas picaduras... ¡Recuerda protegerte de ellos!

Otoño, el más melancólico

Los días de verano, tan largos y calurosos, han llegado a su fin. Ahora empieza a refrescar un poco, y los días siguen acortándose.

El otoño empieza hacia el **21 de septiembre** en el hemisferio norte. La temperatura va bajando y es momento de dejar atrás los pantalones cortos y las camisetas para ponernos ropa más gruesa y una chaqueta.

Es una estación que invita a la melancolía. Es tiempo de calabazas, castañas y boniatos, y también de pasar más rato en casa jugando, leyendo o charlando con la familia.

La naturaleza y los animales en otoño

En otoño, los bosques están preciosos. Las hojas de algunos árboles se vuelven marrones, amarillentas, rojizas... Son los llamados **de hoja caduca**, que pierden sus hojas. Una vez secas, caen de las ramas y el viento las hace bailar. Al final quedan en el suelo formando una alfombra ideal para jugar con ellas.

Algunas aves, que ya empiezan a notar el frío, inician su viaje, buscando climas más cálidos.

Por otra parte, es buen momento para preparar conservas con las frutas de verano que todavía quedan y así disfrutar de ellas durante el resto del año en forma de mermelada o compota.

En otoño conviene tomar frutas cítricas, como la naranja, que nos aporta vitamina C, esencial para nuestro organismo.

En invierno, el silencio es el rey

El invierno es la época más fría del año. Empieza hacia el **21 de diciembre** en el hemisferio norte. Los días son muy cortos y fríos porque recibimos poca luz solar, y de manera indirecta, pues ahora nuestro hemisferio es el que está más lejos del Sol. En la montaña es habitual que nieve y las temperaturas sean muy frías. A veces el viento que sopla es tan frío que parece que estemos dentro de un congelador.

Los paisajes nevados acostumbran a ser muy silenciosos, aunque si uno se detiene a escuchar, puede descubrir sonidos únicos como el de la nieve desprendiéndose de las copas de los árboles y cayendo al suelo.

La naturaleza y los animales en invierno

En invierno gran parte de la naturaleza se toma un respiro y descansa. Todas aquellas flores y árboles que brotaban y florecían ahora no son más que ramas y troncos secos. El frío los inhibe y no deja crecer ninguna planta.

El paisaje invernal es silencioso, blanco, calmado... No queda ni rastro de la vida de la primavera. Es más, muchos animales ya se han resguardado en sus madrigueras, cuevas o establos.

Toca esperar a que el tiempo sea más agradable para salir a comer y disfrutar de la naturaleza. Y lo mismo nos pasa a nosotros: es momento de estar calentitos en casa, compartiendo juegos de mesa, dedicando tiempo a la lectura...

El cambio climático nos afecta

Seguro que, si hablas con tus abuelos, te contarán que el tiempo ha cambiado mucho a lo largo de estos años. Que antes el otoño y el invierno eran más fríos y que en verano el calor no era tan sofocante como ahora... Y es que la contaminación ha afectado a la Tierra.

Esta contaminación crea una capa invisible que impide que el planeta se libere de gran parte del calor generado por los rayos del Sol. Este fenómeno se conoce como **efecto invernadero**: es como dormir siempre con una manta encima.

Con el aumento de la temperatura, el hielo de los polos se deshace, y aumenta el nivel del mar. También hay más sequías, hace más calor y las lluvias, cuando vienen, son más fuertes.

Tantos cambios afectan a nuestra vida y la de los animales y plantas, pero podemos ayudar a frenarlos: usando más la bici que el coche, reciclando...

Gira la Tierra y gira nuestra vida

La Tierra no deja de girar y viajar en el espacio, pero nuestro recorrido acaba aquí. Ahora ya sabes por qué hace frío en invierno y calor en verano, o por qué los días se van alargando en primavera y acortando en otoño.

El mundo está cambiando, pero entre todos debemos ayudar para que la naturaleza siga su curso, para que las flores, las plantas y los animales puedan vivir sin sobresaltos ni cambios bruscos, adaptándose a cada estación. ¡Tú puedes ayudar a que el planeta sonría!

Curiosidades

¿Por qué **sudamos** en verano? Nuestro cuerpo, para que no se caliente demasiado, libera unas gotitas de agua (el sudor) a través de la piel, que ayudan a mantenernos más frescos.

En primavera tenemos mejor ánimo porque la luz solar y el clima agradable aumentan la serotonina, la llamada **hormona de la felicidad**.

En los países más cercanos al **Polo Norte**, como Noruega, Suecia o Finlandia, en primavera y verano apenas se hace de noche, porque el Sol no se llega a ocultar en ningún momento.

En el hemisferio norte, el **día más corto** del año se produce alrededor del 21 de diciembre (21 de junio en el hemisferio sur) y la **noche más corta**, sobre el 21 de junio (21 de diciembre en el hemisferio sur).

La Tierra no es el único planeta con **estaciones**; los demás planetas también viajan alrededor del Sol. En Marte, por ejemplo, las estaciones duran el doble porque este planeta tarda 687 días en dar la vuelta al Sol.

Hay animales, como los zorros árticos o la liebre de Alaska, que cambian el color de su **pelaje** para parecerse al paisaje: blanco como la nieve en invierno y marrón en verano.

La palabra *primavera* viene del **latín** *primum ver*, que significa 'primer verano'.

En verano, los cerdos, elefantes e hipopótamos se rebozan en el **barro** para mantenerse fresquitos.

GUÍA DIDÁCTICA

No hay nada más emocionante que leer con los pequeños de la casa y abrirles las puertas a un mundo fascinante a través de la lectura. A continuación, proponemos algunas preguntas para ir formulando mientras leemos el libro.

IMAGINAR Y CONVERSAR

Fomentar la imaginación de los pequeños y, después, reflexionar sobre ello les ayuda a despertar su espíritu crítico. Las siguientes son algunas preguntas interesantes, pero se pueden formular muchas más:

– ¿Cuál es tu estación del año favorita? ¿Por qué?
– ¿Te imaginas celebrar la Navidad con el clima de verano, como en el hemisferio sur?
– ¿Te imaginas cómo sería vivir con temperaturas de 25 °C bajo cero, como en Rusia?
– ¿Prefieres el horario de verano o el de invierno? ¿Por qué?
– ¿Te gustaría hibernar como hacen algunos animales y quedarte en casa sin salir hasta la primavera?

TRABAJAR PARA UN MUNDO MEJOR

El cambio climático es una realidad que nos afecta a todos en nuestro día a día; por eso, es un tema que debemos abordar con los más pequeños, eso sí, sin generarles ansiedad ni alarmas. Conviene afrontar el tema con optimismo y proponer buenas prácticas para que se sientan partícipes de la solución y para transmitirles hábitos correctos. He aquí algunas propuestas:

- Reutilizar residuos para crear juguetes. ¡La imaginación al poder!
- Salir de excursión... con bolsas de basura. Es fantástico dedicar una mañana a pasear por el bosque, el campo o la playa e ir recogiendo todo aquello que contamine: latas, papeles, botellas... ¡A ver quién llena más bolsas!
- Aprovechar la primavera para plantar un huerto con hortalizas fáciles de mantener, como lechugas, rábanos, remolachas, o bien plantas aromáticas como la lavanda.
- Plantar un árbol, en cualquier momento del año. El 28 de junio, el Día Mundial del Árbol, es una buena ocasión para hacerlo.

CULTURA ESTACIONAL

Las estaciones pueden ser un buen motivo para adentrarnos con los más pequeños en las obras de arte. Proponemos algunas ideas para ahondar en este tema:

- Buscar fotos de paisajes en distintas épocas del año para que identifiquen a qué estación pertenecen. Es una buena manera de fijarse en los detalles de cada temporada.
- Fotografiar un mismo paisaje en las diferentes estaciones; de este modo, ellos mismos verán con un ejemplo cercano los cambios que se producen y podrán crear su propio álbum.
- Escuchar *Las cuatro estaciones* de Vivaldi y comentar con ellos cómo se refleja en la música el carácter de cada estación del año.
- Buscar cuadros famosos e intentar adivinar qué estación del año reflejan. Lo mismo se puede hacer con escenas de películas.
- Observar las estrellas e identificar la estrella polar, que es donde apunta el eje de rotación de la Tierra, responsable de las estaciones.

© 2026 Grupo Edebé
Paseo de San Juan Bosco, 62,
08017 Barcelona. España
www.edebe.com

Primera edición: enero, 2026

Realización editorial: Somnins
© Texto: Gina Samba
© Ilustraciones: Marina Martín
Asesor: Pere Renom

Dirección editorial de Publicaciones no ficción: Marta Sans

ISBN: 978-84-683-7608-0
Depósito legal: B. 359-2025
Impreso en España.
Printed in Spain